성모님의 뜻에 따른
묵주의 9일기도

성바오로수도회 엮음

성모님의 뜻에 따른
묵주의 9일기도

초판 발행일 2007. 9. 8
1판 14쇄 2023. 9. 27

엮은이 성바오로수도회
펴낸이 서영주

펴낸곳 성바오로
출판등록 7-93호 1992. 10. 6
주소 서울특별시 강북구 오현로7길 20(미아동)

취급처 성바오로보급소 **전화** 944-8300, 986-1361
팩스 986-1365 **통신판매** 945-2972
E-mail bookclub@paolo.net
인터넷 서점 www.paolo.kr

책값은 뒤표지에 있습니다.
ISBN 978-89-8015-637-5
교회인가 서울대교구 2003. 7. 29 **SSP** 809

ⓒ 성바오로수도회, 2007

성경 ⓒ 한국천주교중앙협의회, 2021.

이 도서의 국립중앙도서관 출판예정도서목록(CIP)은 서지정보유통지원시스템 홈페이지(http://seoji.nl.go.kr)와 국가자료공동목록시스템(http://www.nl.go.kr/kolisnet)에서 이용하실 수 있습니다. (CIP제어번호 : CIP2007002324)

이 책은 저작권법의 보호를 받으므로 무단전재와 무단복제를 금합니다.
이 책 내용의 전부 또는 일부를 재사용하려면 반드시 저작권자와 성바오로출판사의 동의를 얻어야 합니다.

내가 바치는 묵주의 9일기도

나 ○○○는 묵주의 9일기도를 아래와 같이 바칩니다.

청원기도

제1차 _____월 _____일부터 _____월 _____일까지

제2차 _____월 _____일부터 _____월 _____일까지

제3차 _____월 _____일부터 _____월 _____일까지

감사기도

제1차 _____월 _____일부터 _____월 _____일까지

제2차 _____월 _____일부터 _____월 _____일까지

제3차 _____월 _____일부터 _____월 _____일까지

 묵주의 9일기도는 성모님의 뜻에 따라 날마다 묵주기도 5단을 청원하는 마음으로 9일씩 세 번, 감사하는 마음으로 9일씩 세 번, 모두 54일 동안 바치는 기도입니다.

 위의 표에 자신의 기도 일정을 적어 놓으면 9일기도 과정을 관리하는 데 도움이 될 것입니다.

묵주기도를 드리는 방법

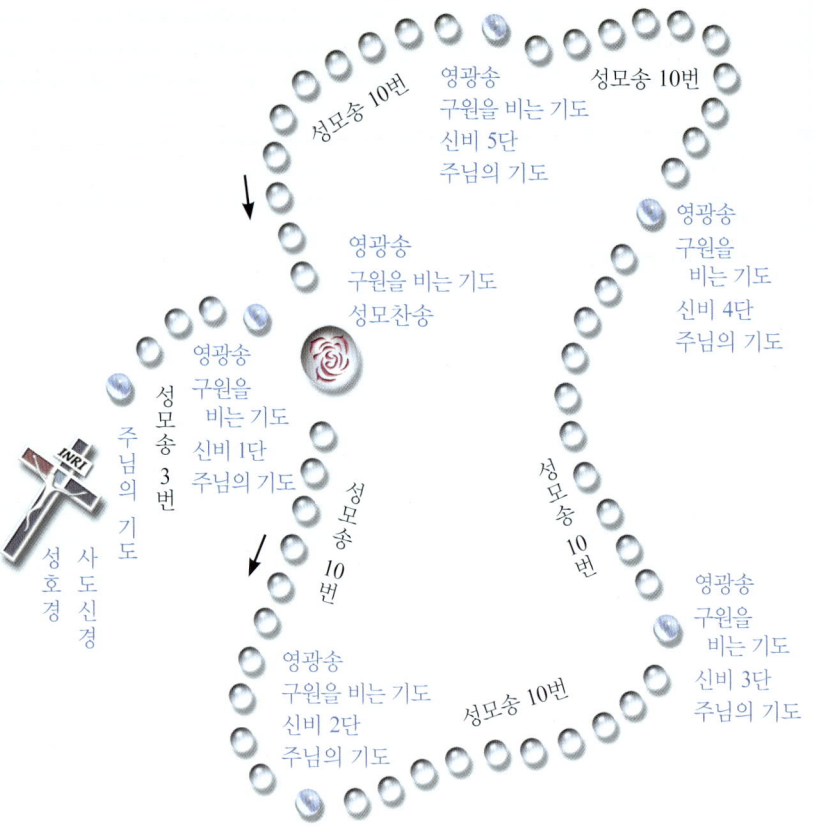

묵주의 9일기도를 드리는 기도 방법

이 기도는 매일 묵주기도 5단을 9일씩 세 번 청원기도로 바치고 이어서 9일씩 세 번 감사기도를 바침으로써 모두 54일 동안 바치는 것이다.

각 신비 묵상은 환희의 신비, 빛의 신비, 고통의 신비, 영광의 신비 순서대로 매일 바꾸어 바친다. 묵주기도의 마지막 날인 27일째에는 영광의 신비로 마칠 수가 없으므로 청원기도의 마침과 감사기도의 마침으로 고통의 신비에 이어 영광의 신비 5단을 바친다.

빛의 신비를 첨가한 기도 방법

청원기도

1 환희	2 빛	3 고통	4 영광	5 환희	6 빛	7 고통	8 영광	9 환희	
10 빛	11 고통	12 영광	13 환희	14 빛	15 고통	16 영광	17 환희	18 빛	
19 고통	20 영광	21 환희	22 빛	23 고통	24 영광	25 환희	26 빛	27 고통	청원 마침 영광

감사기도

1 환희	2 빛	3 고통	4 영광	5 환희	6 빛	7 고통	8 영광	9 환희	
10 빛	11 고통	12 영광	13 환희	14 빛	15 고통	16 영광	17 환희	18 빛	
19 고통	20 영광	21 환희	22 빛	23 고통	24 영광	25 환희	26 빛	27 고통	감사 마침 영광

차 례

내가 바치는 묵주의 9일기도 | 3

교황 교서「동정 마리아의 묵주기도」의 가르침 | 7
묵주의 9일기도 유래 | 8
묵주기도의 기도문들 | 10
성모님의 약속 | 15
환희의 신비 | 16
빛의 신비 | 30
고통의 신비 | 44
영광의 신비 | 58
묵주기도를 바치고 받는 대사들 | 72
묵주기도를 권장하신 성모님 | 77

교황 교서 「동정 마리아의 묵주기도」의 가르침

요한 바오로 2세 교황은 2002년 10월 16일 교서 「동정 마리아의 묵주기도Rosarium Virginis Mariae」를 발표했다. 교황은 이 교서에서 묵주기도가 그리스도 생애의 신비를 관상하는 데 가장 효과적인 '복음의 요약'이며 세계 평화와 가정 성화에 크게 도움이 되는 기도라고 강조하며, 자주 바칠 것을 당부했다. 그리고 '환희의 신비', '고통의 신비', '영광의 신비'로 이루어진 전통적인 묵주기도에 인류의 빛이신 예수 그리스도의 공생활의 다섯 가지 주요 사건을 묵상하는 '빛의 신비'를 추가했다. 이로써 그리스도 생애의 신비 전체를 온전하고 깊이 있게 묵상할 수 있게 되었다.

교황은 묵주기도의 지평을 넓히고, 자칫 기계적 암송에 그칠 수 있는 기도에 활력을 불어넣고, 복음을 더 깊이 체험토록 하기 위해서 '빛의 신비'를 추가했다고 밝혔다. 아울러 '빛의 신비'는 선택적 사항이지만 가능한 대로 '환희의 신비'와 '고통의 신비' 사이에 바칠 것을 요청했다. 또 일주일 중 목요일에 바치라고 말했다.

묵주의 9일기도 유래

이탈리아의 나폴리에 사는 포르투나 아그렐리는 13개월 동안 극심한 고통으로 시달리고 있었다. 그녀의 아버지는 유명하다는 의사는 모두 데려다가 자기 딸의 병을 고쳐 주려고 했다.

그러나 의사들은 하나같이 절망적인 말만을 남기고 돌아갔다. 1884년 2월 16일, 그녀의 가족들은 묵주의 9일기도를 시작했다. 그 해 3월 3일, 성모님이 포르투나에게 나타나셨다. 성모님은 매우 아름다웠으며, 어머니같이 부드러운 얼굴로 포르투나를 내려다보고 계셨다. 그녀는 곧 "거룩하신 묵주기도의 모후여, 저에게 건강을 주소서." 하고 말씀드렸다. 그러자 복되신 동정녀는 "애야, 너는 여러 이름으로 나를 불러 내 마음을 즐겁게 하는구나. 이제 너는 나를 내가 가장 좋아하는 '거룩한 묵주기도의 모후'라 불렀으니, 네 소원을 들어주지 않을 수가 없구나. 묵주의 9일기도 세 번을 바쳐라. 그러면 넌 무엇이든 네가 원하는 것을 얻을 것이다." 하고 말씀하셨다.

포르투나는 성모님의 말씀대로 기도하여 병을 고쳤다. 그

후 곧 성모님이 다시 나타나셔서 이렇게 말씀하셨다.

"누구든지 나에게 은혜를 바라는 사람은 청원의 뜻으로 세 번의 9일기도, 그리고 감사의 뜻으로 세 번의 9일기도를 묵주기도로 바쳐야 한다."

이렇게 해서 성모님께 드리는 묵주의 9일기도가 시작되었다. 묵주의 9일기도는 또한 '꼭 들어주시는 9일기도'라고도 일컬어진다. 이 9일기도는 매일 묵주기도 5단을 27일 동안은 청원의 뜻으로, 그리고 그 후 27일 동안은 감사의 뜻으로 바치는 것이다. 모두 합해서 54일이 걸리는 이 기도는 성모님이 우리에게 직접 가르쳐 주신 매우 큰 위력을 지닌 기도이다.

묵주기도의 기도문들

사도신경

전능하신 천주 성부
천지의 창조주를 저는 믿나이다.
그 외아들 우리 주 예수 그리스도님
<u>성령으로 인하여 동정 마리아께 잉태되어 나시고</u>
(밑줄 부분에서 고개를 깊이 숙인다.)
본시오 빌라도 통치 아래서 고난을 받으시고
십자가에 못박혀 돌아가시고 묻히셨으며
저승에 가시어 사흗날에 죽은 이들 가운데서 부활하시고
하늘에 올라 전능하신 천주 성부 오른편에 앉으시며
그리로부터 산 이와 죽은 이를 심판하러 오시리라 믿나이다.
성령을 믿으며
거룩하고 보편된 교회와 모든 성인의 통공을 믿으며
죄의 용서와 육신의 부활을 믿으며
영원한 삶을 믿나이다.
아멘.

주님의 기도

하늘에 계신 우리 아버지,
아버지의 이름이 거룩히 빛나시며
아버지의 나라가 오시며
아버지의 뜻이 하늘에서와 같이
땅에서도 이루어지소서!
오늘 저희에게 일용할 양식을 주시고
저희에게 잘못한 이를 저희가 용서하오니
저희 죄를 용서하시고
저희를 유혹에 빠지지 않게 하시고
악에서 구하소서.
아멘.

성모송

은총이 가득하신 마리아님, 기뻐하소서!
주님께서 함께 계시니 여인 중에 복되시며
태중의 아들 예수님 또한 복되시나이다.
천주의 성모 마리아님,
이제와 저희 죽을 때에
저희 죄인을 위하여 빌어 주소서.
아멘.

영광송

영광이 성부와 성자와 성령께
처음과 같이 이제와 항상 영원히.
아멘.

구원을 비는 기도

예수님, 저희 죄를 용서하시며
저희를 지옥불에서 구하시고
연옥 영혼을 돌보시며
가장 버림받은 영혼을 돌보소서.

성모님의 약속

"**만**약 나의 부탁을 들어준다면 러시아가 회개할 것이며, 세계에는 평화가 올 것이다. 그렇지 않으면 러시아는 그 오류를 전 세계에 퍼뜨릴 것이며, 전쟁이 일어나고 교회는 박해를 받게 될 것이다. 많은 사람들이 치명하고, 교황은 큰 고통을 겪을 것이며, 많은 민족들이 사라지게 될 것이다."

"**보**속하는 지향을 가지고, 다섯 달 동안 매달 첫토요일에 고해성사를 보고, 영성체를 하고, 묵주기도의 신비를 묵상하면서 15분 동안 나와 함께 있어 주는 사람이면 누구든지, 그가 죽을 때에 내가 구원에 필요한 모든 은총을 가지고 도와줄 것을 약속한다."

지극히 거룩하신 묵주기도의 모후여,
저희를 위하여 빌으소서.

환희의 신비

환희의 신비는 예수님의 유아기, 아동기, 청년기를 기억하고 묵상한다.

환희의 신비를 시작하며

+ 성부와 성자와 성령의 이름으로. 아멘.

(청원기도를 바칠 때)

지극히 거룩하신 묵주기도의 모후님, 당신은 묵주의 9일 기도를 바치며 하느님의 은혜를 청하는 사람은 무엇이든 원하는 바를 얻게 되리라고 약속하셨습니다. 이에 저의 간절한 청원을 담아(청원 내용을 말씀드린다) 이 기도를 바치나이다.

하느님 은총의 전달자이신 성모님, 당신의 약속을 믿고 기도하는 저의 정성을 받으시어 은혜를 구하는 저의 청을 하느님께 전해 주소서. 아멘.

(감사기도를 바칠 때)

지극히 거룩하신 묵주기도의 모후님, 당신은 은혜를 청하며 묵주기도를 바치는 사람은 또한 감사의 기도를 바쳐야 한다고 이르셨습니다. 이에 그동안 베풀어 주신 은혜에 감사하며 이 기도를 드리나이다.

하느님과 저희 사이의 중개자이신 성모님, 당신 뜻을 따라 바치는 저의 기도를 들으시고 이 기도에 담아 올리는 저의 감사를 하느님께 전해 주소서. 아멘.

사도신경, 주님의 기도, 성모송 3번, 영광송, 구원을 비는 기도

1단

마리아께서 예수님을 잉태하심을 묵상합시다

"은총이 가득한 이여, 기뻐하여라. 주께서 너와 함께 계시다."(루카 1,28)

천사들의 모후이신 마리아님, 당신은 가브리엘 천사와 함께 이 땅을 새롭게 다시 태어나게 하는 대화를 나누셨습니다. 두 분의 만남으로 절망과 어둠에 빠져 있던 세상에 빛과 희망이 넘치게 되었습니다. 천사는 하느님의 사자였고, 당신은 인류의 대표였습니다. 가브리엘 천사는 하느님의 어머니가 되어 달라는 그분의 뜻을 당신께 전했습니다. 모든 것이 하느님의 뜻에 따른 섭리임을 아신 당신은 "말씀하신 대로 저에게 이루어지기를 바랍니다"라고 대답하셨습니다. 이때 천사가 건넨 "은총이 가득한 이여"라는 인사말은 우리가 묵주기도를 바칠 때마다 반복하는 기도의 말이 되었습니다.

주님의 기도, 성모송 10번, 영광송, 구원을 비는 기도

묵주기도의 모후이신 성모님, 당신 아드님께 청하시어, 저에게 겸손의 은총을 얻어 주소서. 그리하여 제가 정성되이 묵주기도를 바칠 수 있게 해주소서.

2단

마리아께서 엘리사벳을 찾아보심을 묵상합시다

"당신은 여인들 가운데 가장 복되시며 당신 태중의 아기도 복되십니다."(루카 1,42)

기쁨의 원천이신 마리아님, 당신의 엘리사벳 방문은 그 가족들에게 큰 행복이 되었습니다. 성 요한 세례자는 어머니의 태중에서 당신의 인사말을 듣고 '뛰놀았습니다.' 당신의 이름을 입술에 올리는 것만으로도 사람들은 하느님의 더 큰 사랑을 느낄 수 있었습니다. 당신께는 이기심이라고는 전혀 없었습니다. 태중에 이 세상의 창조자를 모시고 있으면서도 당신은 교만하지 않으셨습니다. 당신은 모든 사람을 사랑하셨습니다. 당신은 엘리사벳의 인사말에 하느님의 어머니로서 당신의 소명을 잊지 않으시고, 하느님을 찬양하는 노래(마니피캇)로 응답하셨습니다.

"내 영혼이 주님을 찬송하고 내 마음이 나의 구원자 하느님 안에서 기뻐 뛰니 그분께서 당신 종의 비천함을 굽어보셨기 때문입니다."

주님의 기도, 성모송 10번, 영광송, 구원을 비는 기도

묵주기도의 모후이신 성모님, 당신 아드님께 청하시어, 저에게 이웃을 사랑하는 은총을 얻어 주소서. 그리하여 제가 저 자신보다는 하느님 안에 있는 이웃을 사랑하게 해주소서.

3단

마리아께서 예수님을 낳으심을 묵상합시다

"지극히 높은 곳에서는 하느님께 영광 땅에서는 그분 마음에 드는 사람들에게 평화!" (루카 2,14)

창조주의 어머니이신 마리아님, 이 세상을 만드신 분이 당신과 성 요셉의 손을 빌어 베들레헴의 구유에 누우셨습니다. 예수님이 이 일을 허락하신 것은 사람들이 그분의 권능과 영광 때문에 눈이 머는 일이 없게 하시려는 뜻이었습니다. 우리와 같은 모습으로 이 세상에 오신 당신의 아드님은 가난한 사람들, 천한 사람들, 단순한 사람들, 이 세상에서 잊혀진 사람들을 멸시하지 않으셨습니다. 그분은 또한 부자와 현자들도 외면하지 않으셨습니다. 그들도 영적으로는 가난한 사람들이었기 때문입니다. 그분을 맞이한 사람들에게 그분은 '평화'를 주셨습니다. 아기 예수님은 모든 이를 사랑하셨지만, 모든 사람이 아기를 사랑하지는 않았습니다. 그분을 죽이려 했던 헤로데 같은 사람도 있었습니다.

주님의 기도, 성모송 10번, 영광송, 구원을 비는 기도

묵주기도의 모후이신 성모님, 성 요셉과 당신 가까이 구유 앞에서 무릎을 꿇고 청하오니, 저에게 마음이 가난해지는 은총을 당신 아드님에게서 얻어 주소서.

4단

마리아께서 예수님을 성전에 바치심을 묵상합시다

"(그 구원은) 다른 민족들에게는 계시의 빛이며 당신 백성 이스라엘에게는 영광입니다."(루카 2,32)

원죄 없으신 마리아님, 정결 예식이 필요하지 않은 당신과 속량되실 필요가 없으신 당신 아드님이 율법에 순종하셨습니다. 모세의 율법에 따르면, 사내아이를 낳은 여인은 7일 동안 불결한 몸이었고, 그래서 그 후에도 33일이나 더 집 안에 머물러야만 했습니다. 이스라엘의 모든 맏아들은 주님께 봉헌되어야 했고, 산비둘기 한 쌍이나 집비둘기 새끼 두 마리를 제물로 바쳐서 '속량'되어야만 했습니다. 이 제물은 어머니와 아기의 순결과 무죄의 상징이었습니다. 그분은 완전무결하신 분이고, 당신은 원죄 없이 잉태되신 분이었습니다. 한나는 당신 아드님에 대해 이야기하였고, 시므온은 예수님 때문에 당신의 영혼이 칼에 꿰찔리듯 아플 것이라고 예언했습니다.

주님의 기도, 성모송 10번, 영광송, 구원을 비는 기도

묵주기도의 모후이신 성모님, 당신 아드님께 청하시어, 저에게 생각과 말과 행동으로 정결한 은총을 얻어 주소서. 그리하여 제가 육욕의 모든 죄를 피하게 해주소서.

5단

마리아께서 잃으셨던 예수님을 성전에서 찾으심을 묵상합시다

"그의 말을 듣는 이들은 모두 그의 슬기로운 답변에 경탄하였다."(루카 2,47)

상지의 옥좌이신 마리아님, 당신과 성 요셉이 나자렛을 향해 떠나셨을 때, 열두 살이던 예수님은 예루살렘에 남아 있었습니다. 당신은 예수께서 아무런 말 한마디 없이 혼자 떨어져 있었던 이유를 이해할 수 없으셨습니다. 당신과 성 요셉은 예수님이 당연히 일행 가운데 있으려니 생각하셨습니다. 그러나 예수님은 예루살렘에서 성전으로 올라가 율법 교사들 가운데 앉아서 듣기도 하고 묻기도 하며 지내셨습니다. 예수님의 말을 들은 사람들은 모두 그 슬기로움에 경탄했습니다. 당신은 부모를 애타게 만든 예수님을 가볍게 질책하며 자식을 걱정하는 본분을 다하셨습니다. 당신의 말씀에 그분은 "저는 제 아버지의 집에 있어야 하는 줄을 모르셨습니까?" 하고 말하셨습니다.

주님의 기도, 성모송 10번, 영광송, 구원을 비는 기도

묵주기도의 모후이신 성모님, 당신 아드님께 청하시어, 저에게 열정의 은총을 얻어 주소서. 그리하여 제가 하느님의 일들을 열심히 추구하게 해주소서.

환희의 신비를 마치며

신령성체를 위한 기도

지극히 거룩하신 예수님, 참으로 성체 안에 계시는 당신을 사랑하며 제 안에 모시기를 간절히 원하나이다. 지금은 비록 당신을 직접 모실 수 없사오나, 당신은 신령한 방법으로 제 마음에 오실 수 있나이다. 이제 제가 묵주기도를 바치며 기억하는 당신 어머니의 티 없는 성심을 통해 영적으로 제게 오시어 길이 머무르소서. 또한 제가 당신을 떠나지 않고 당신의 사랑을 증거하고 실천하며 살게 하소서.

(청원기도를 바칠 때) 너그러우신 어머니, 신령성체의 기도로 묶어 바치는 이 영적 꽃다발을 받으소서. 그리고 제가 하느님께 청하는 모든 은혜를 받아 누리도록 함께 기억하며 빌어 주소서. 또한 저를 온갖 위험과 고통 중에서 돌보아 주시며 제가 죽을 때에 저를 저버리지 마옵소서. 아멘.

(감사기도를 바칠 때) 너그러우신 어머니, 신령성체의 기도로 묶어 바치는 이 영적 꽃다발을 받으소서. 그리고 저를 위해 하느님께 은혜를 빌어 주심에 감사드리오니 받아 주소서. 또한 은혜를 내려 주신 하느님께 감사드리는 저와 함께해 주소서. 아멘.

성모 찬송

○ 모후이시며 사랑이 넘친 어머니,
　우리의 생명, 기쁨, 희망이시여.
● 당신 우러러 하와의 그 자손들이
　눈물을 흘리며 부르짖나이다, 슬픔의 골짜기에서.
○ 우리들의 보호자 성모님,
　불쌍한 저희를 인자로운 눈으로 굽어보소서.
● 귀양살이 끝날 때에
　당신의 아들 우리 주 예수님 뵙게 하소서.
　너그러우시고, 자애로우시며
　오! 아름다우신 동정 마리아님.
○ 천주의 성모님, 저희를 위하여 빌어 주시어
● 그리스도께서 약속하신 영원한 생명을 얻게 하소서.
　† 기도합시다. 하느님, 외아드님께서 삶과 죽음과 부활로 저희에게 영원한 구원을 마련해 주셨나이다. 복되신 동정 마리아와 함께 이 신비를 묵상하며 묵주기도를 바치오니 저희가 그 가르침을 따라 영원한 생명을 얻게 하소서. 우리 주 그리스도를 통하여 비나이다.
◎ 아멘.

+ 성부와 성자와 성령의 이름으로. 아멘.

빛의 신비

빛의 신비는 예수님의 공생활의 주요 행적들을 기억하고 묵상한다.

빛의 신비를 시작하며

+ 성부와 성자와 성령의 이름으로. 아멘.

(청원기도를 바칠 때)

지극히 거룩하신 묵주기도의 모후님, 당신은 묵주의 9일 기도를 바치며 하느님의 은혜를 청하는 사람은 무엇이든 원하는 바를 얻게 되리라고 약속하셨습니다. 이에 저의 간절한 청원을 담아(청원 내용을 말씀드린다) 이 기도를 바치나이다.

하느님 은총의 전달자이신 성모님, 당신의 약속을 믿고 기도하는 저의 정성을 받으시어 은혜를 구하는 저의 청을 하느님께 전해 주소서. 아멘.

(감사기도를 바칠 때)

지극히 거룩하신 묵주기도의 모후님, 당신은 은혜를 청하며 묵주기도를 바치는 사람은 또한 감사의 기도를 바쳐야 한다고 이르셨습니다. 이에 그동안 베풀어 주신 은혜에 감사하며 이 기도를 드리나이다.

하느님과 저희 사이의 중개자이신 성모님, 당신 뜻을 따라 바치는 저의 기도를 들으시고 이 기도에 담아 올리는 저의 감사를 하느님께 전해 주소서. 아멘.

사도신경, 주님의 기도, 성모송 3번, 영광송, 구원을 비는 기도

1단

예수님께서 세례받으심을 묵상합시다

"이는 내가 사랑하는 아들, 내 마음에 드는 아들이다."(마태 3,17)

그리스도의 어머니이신 마리아님, 자신을 낮추어 우리와 똑같은 사람이 되신 당신의 아드님 예수님께서 다시 한 번 자신을 낮추셨습니다. 메시아를 맞이하도록 사람들을 회개시키고 세례를 베풀던 요한 세례자는 자기에게 오는 죄인들의 무리 속에서 그분을 알아보았습니다. 성부께서는 우리 구원을 위해 그분을 죄인이 되어 물에 잠기게 하셨고, 성자께서는 이를 기꺼이 받아들이셨습니다. 이는 죄인들을 구원하고자 죄인들 틈에서 죄인 아닌 죄인으로 돌아가신 십자가 죽음의 예표였습니다. 성부께서 그분을 사랑하는 아들이라고 부르시고 성령께서 비둘기 형상으로 내려오심으로써 그분이 성자이심이 드러났습니다.

주님의 기도, 성모송 10번, 영광송, 구원을 비는 기도

묵주기도의 모후이신 성모님, 당신 아드님께 청하시어, 저에게 하느님의 뜻을 위해 자신을 온전히 비우는 참된 가난의 정신을 얻어 주소서.

2단

예수님께서 카나에서 첫 기적을 행하심을 묵상합시다

"아직 저의 때가 오지 않았습니다."(요한 2,4)

은총의 전달자이신 마리아님, 당신은 이웃에 무엇이 필요한지 늘 눈여겨보시고 보살피시는 분입니다. 그런 당신이 잔칫집에 포도주가 떨어져서 난처해진 사정을 모른 체하고 넘어가실 리가 없었습니다. 당신은 일꾼들에게 "무엇이든지 그가 시키는 대로 하여라." 하고 이르며 크나큰 신뢰로 아드님께 부탁하셨습니다. 이에 어머니와 사람들을 사랑하시는 예수님께서는 물을 포도주로 변화시키는 놀라운 능력을 보이셨습니다. 이는 예수님이 하느님이심을 알려 주는 첫 기적이었으며, 이로써 믿는 이들의 첫째 자리를 차지하시는 당신의 전구에 힘입어 사람들의 믿음의 눈이 열리기 시작했습니다.

주님의 기도, 성모송 10번, 영광송, 구원을 비는 기도

묵주기도의 모후이신 성모님, 당신 아드님께 청하시어, 저에게 믿음을 더해 주소서. 그리고 제가 받은 모든 은총이 모두 당신의 전구로 말미암은 것임을 알아 늘 감사하게 하소서.

3단

예수님께서 하느님 나라를 선포하심을 묵상합시다

"오늘 이 성경 말씀이 너희가 듣는 가운데에서 이루어졌다."(루카 4,21)

그리스도를 따르는 이들의 모범이신 마리아님, 당신의 아드님께서 성부께서 맡기신 일을 시작하셨습니다. 그것은 하느님 나라가 왔다고 선포하는 일이었습니다. 그분은 가난하고 힘없는 이들, 죄인들과 세리들에게 하느님의 자비를 전해 주셨고 구원의 희망을 심어 주셨습니다. 악령과 질병에 시달리는 이들에게 해방과 치유, 그리고 죄의 용서를 선사하셨습니다. 이로써 그분을 찾는 이들은 하느님 나라를 체험하게 되었습니다. 그분이 선포하신 하느님 나라는 어떠한 차별도 없는 나라요, 하느님께서 거저 주시는 사랑의 나라입니다. 예수님을 신뢰하며 찾아오는 사람은 누구나 그 사랑의 나라에 들어갈 수 있습니다.

주님의 기도, 성모송 10번, 영광송, 구원을 비는 기도

묵주기도의 모후이신 성모님, 당신 아드님께 청하시어, 제 부족함에 실망하지 않고 하느님의 자비를 신뢰하게 하소서. 그리하여 하느님 사랑 속에서 자유를 누리게 하소서.

4단

예수님께서 거룩하게 변모하심을 묵상합시다

"이는 내가 사랑하는 아들이니 너희는 그의 말을 들어라."(마르 9,7)

그리스도의 참제자이신 마리아님, 예수님께서는 거룩하고 영광스럽게 변화된 당신의 모습과 구약을 대표하는 엘리야와 모세의 모습을 제자들에게 보여 주셨습니다. 그 자리에서 예수님과 엘리야와 모세가 나눈 대화는 예수님께서 장차 당하실 수난과 죽음에 관한 것이었습니다. 이는 부활의 영광이 십자가와 동떨어진 것이 아님을 알려 주는 가르침이었습니다. 곧, 우리는 예수님과 함께 수난의 고통을 겪어야 그분의 부활에 참여하고 성령에 의해 변모되는 삶을 살 수 있게 된다는 것입니다. 이에 성부께서는 우리가 그러한 각오를 다지며 살도록 "그의 말을 들어라." 하고 말씀하셨습니다.

주님의 기도, 성모송 10번, 영광송, 구원을 비는 기도

묵주기도의 모후이신 성모님, 당신 아드님께 청하시어, 우리가 만나는 일상의 어려움들이 부활의 기쁨과 성령에 의해 변모된 삶을 위한 십자가임을 깨닫게 하소서.

5단

예수님께서 성체성사를 세우심을 묵상합시다

"이는 너희를 위하여 내어 주는 내 몸이다. …이 잔은 내 피로 맺는 새 계약이다."(루카 22,19-20)

구세주의 어머니이신 마리아님, 우리를 사랑하시는 당신 아드님께서는 인류를 위해 자신을 희생 제물로 바칠 것을 늘 염두에 두셨고, 마침내 성체성사를 세우심으로써 그분의 사랑을 드러내 보이셨습니다. "내가 고난을 겪기 전에 너희와 함께 이 파스카 음식을 먹기를 간절히 바랐다." 우리를 사랑하신 나머지 인간이 되기를 마다하지 않으신 예수님은 더욱 자신을 낮추시어 당신의 살과 피를 우리가 먹고 마실 참된 양식으로 아낌없이 내어 주셨습니다. 이 큰 사랑은 성체성사를 통해 인류에게 무상으로 주어졌으며, 오늘도 그분을 기념하여 제대 위에서 봉헌하는 미사성제를 통해 끊임없이 주어지고 있습니다.

주님의 기도, 성모송 10번, 영광송, 구원을 비는 기도

묵주기도의 모후이신 성모님, 당신 아드님께 청하시어, 겸손된 마음으로 자주 영성체하고 성체를 방문하는 은총을 얻어 주소서. 그리하여 사랑 베풀기를 갈구하시는 그분께 기쁨을 드리게 하소서.

빛의 신비를 마치며

신령성체를 위한 기도

지극히 거룩하신 예수님, 참으로 성체 안에 계시는 당신을 사랑하며 제 안에 모시기를 간절히 원하나이다. 지금은 비록 당신을 직접 모실 수 없사오나, 당신은 신령한 방법으로 제 마음에 오실 수 있나이다. 이제 제가 묵주기도를 바치며 기억하는 당신 어머니의 티 없는 성심을 통해 영적으로 제게 오시어 길이 머무르소서. 또한 제가 당신을 떠나지 않고 당신의 사랑을 증거하고 실천하며 살게 하소서.

(청원기도를 바칠 때) 너그러우신 어머니, 신령성체의 기도로 묶어 바치는 이 영적 꽃다발을 받으소서. 그리고 제가 하느님께 청하는 모든 은혜를 받아 누리도록 함께 기억하며 빌어 주소서. 또한 저를 온갖 위험과 고통 중에서 돌보아 주시며 제가 죽을 때에 저를 저버리지 마옵소서. 아멘.

(감사기도를 바칠 때) 너그러우신 어머니, 신령성체의 기도로 묶어 바치는 이 영적 꽃다발을 받으소서. 그리고 저를 위해 하느님께 은혜를 빌어 주심에 감사드리오니 받아 주소서. 또한 은혜를 내려 주신 하느님께 감사드리는 저와 함께해 주소서. 아멘.

성모 찬송

○ 모후이시며 사랑이 넘친 어머니,
  우리의 생명, 기쁨, 희망이시여.
● 당신 우러러 하와의 그 자손들이
  눈물을 흘리며 부르짖나이다, 슬픔의 골짜기에서.
○ 우리들의 보호자 성모님,
  불쌍한 저희를 인자로운 눈으로 굽어보소서.
● 귀양살이 끝날 때에
  당신의 아들 우리 주 예수님 뵙게 하소서.
  너그러우시고, 자애로우시며
  오! 아름다우신 동정 마리아님.
○ 천주의 성모님, 저희를 위하여 빌어 주시어
● 그리스도께서 약속하신 영원한 생명을 얻게 하소서.
 † 기도합시다. 하느님, 외아드님께서 삶과 죽음과 부활로 저희에게 영원한 구원을 마련해 주셨나이다. 복되신 동정 마리아와 함께 이 신비를 묵상하며 묵주기도를 바치오니 저희가 그 가르침을 따라 영원한 생명을 얻게 하소서. 우리 주 그리스도를 통하여 비나이다.
◎ 아멘.

+ 성부와 성자와 성령의 이름으로. 아멘.

고통의 신비

고통의 신비는 예수님의 수난과 죽음을 기억하고 묵상한다.

고통의 신비를 시작하며

+ 성부와 성자와 성령의 이름으로. 아멘.

(청원기도를 바칠 때)

지극히 거룩하신 묵주기도의 모후님, 당신은 묵주의 9일 기도를 바치며 하느님의 은혜를 청하는 사람은 무엇이든 원하는 바를 얻게 되리라고 약속하셨습니다. 이에 저의 간절한 청원을 담아(청원 내용을 말씀드린다) 이 기도를 바치나이다.

하느님 은총의 전달자이신 성모님, 당신의 약속을 믿고 기도하는 저의 정성을 받으시어 은혜를 구하는 저의 청을 하느님께 전해 주소서. 아멘.

(감사기도를 바칠 때)

지극히 거룩하신 묵주기도의 모후님, 당신은 은혜를 청하며 묵주기도를 바치는 사람은 또한 감사의 기도를 바쳐야 한다고 이르셨습니다. 이에 그동안 베풀어 주신 은혜에 감사하며 이 기도를 드리나이다.

하느님과 저희 사이의 중개자이신 성모님, 당신 뜻을 따라 바치는 저의 기도를 들으시고 이 기도에 담아 올리는 저의 감사를 하느님께 전해 주소서. 아멘.

사도신경, 주님의 기도, 성모송 3번, 영광송, 구원을 비는 기도

1단

예수님께서 우리를 위하여 피땀 흘리심을 묵상합시다

"…땀이 핏방울처럼 되어 땅에 떨어졌다."
(루카 22,44)

통고의 성모님, 당신의 아드님이 겟세마니에서 모든 인간의 죄를 대신 짊어지셨습니다. 그분은 하느님 아버지께 자신을 봉헌한 '속죄양'이 되셨습니다. 그분은 사도들 중의 한 사람에게 배반을 당했고, 그분을 따르던 이들에게 버림을 받았습니다. 그분이 따로 떨어져 기도하실 때, 제자들은 그 근처에 있었습니다. 그러나 가까운 제자들인 베드로와 요한과 야고보는 단 한 시간도 예수님과 함께 깨어 있지 못하고 잠에 빠졌습니다. 예수님은 고통의 절정을 혼자 견디셨습니다. 하느님 아버지께 할 수만 있다면 고난의 잔을 거두어 달라고 애원하기도 하셨습니다. 그러나 무엇보다도 아버지의 뜻이 이루어지기를 기도하셨습니다. 예수님은 간절한 기도를 드리시느라 피땀을 흘리기까지 하셨습니다.

주님의 기도, 성모송 10번, 영광송, 구원을 비는 기도

묵주기도의 모후이신 성모님, 당신 아드님께 청하시어, 저에게 참회의 은총을 얻어 주소서. 그리하여 제가 그리스도의 수난을 가져온 저의 죄를 통회하게 해 주소서.

2단

예수님께서 우리를 위하여 매 맞으심을 묵상합시다

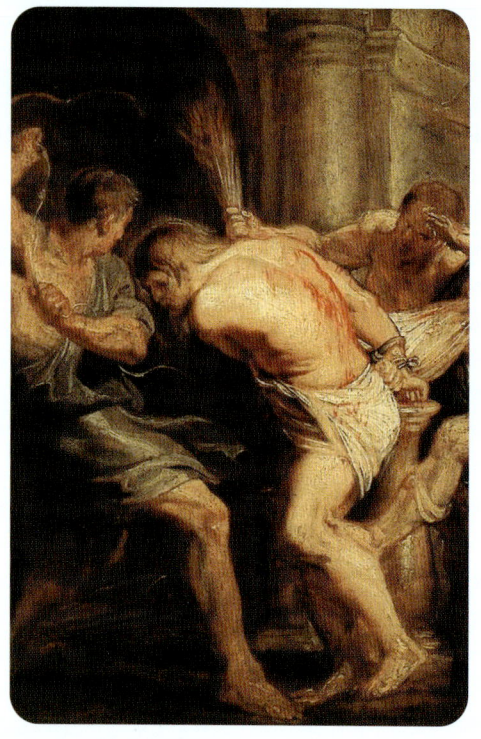

"예수님을 채찍질하게 한 다음 십자가에 못 박으라고 넘겨주었다."(마태 27,26)

통고의 성모님, 당신 아드님이 로마 군인들의 손에 혹독하게 매를 맞으신 것을 당신과 함께 아파합니다. 채찍이 허공을 가를 때마다 예수님의 살갗은 찢겨 나갔으며, 채찍의 줄과 매듭들이 살 속 깊이 파고들며 피가 솟구치고 살점이 떨어져 나갔습니다. 그들은 예수님이 정신을 잃으실 정도로 마구 매질을 해댔습니다. 예수님께서 매질을 견디다 못해 기절하시면, 그들은 그분이 정신을 다시 차리실 때까지 매질을 중단하였습니다. 그리고 정신이 드시면 다시 혹독한 매질을 계속했습니다. 예수님은 가혹한 매질뿐 아니라, 매질을 해대는 이들의 입에서 나오는 더럽고 추악하고 못된 욕설들도 견뎌 내셔야 했습니다.

주님의 기도, 성모송 10번, 영광송, 구원을 비는 기도

묵주기도의 모후이신 성모님, 당신 아드님께 청하시어, 저에게 인내하는 은총을 얻어 주소서. 그리하여 제가 모든 고통을 인내하며 감수할 수 있게 해주소서.

3단

예수님께서 우리를 위하여 가시관 쓰심을 묵상합시다

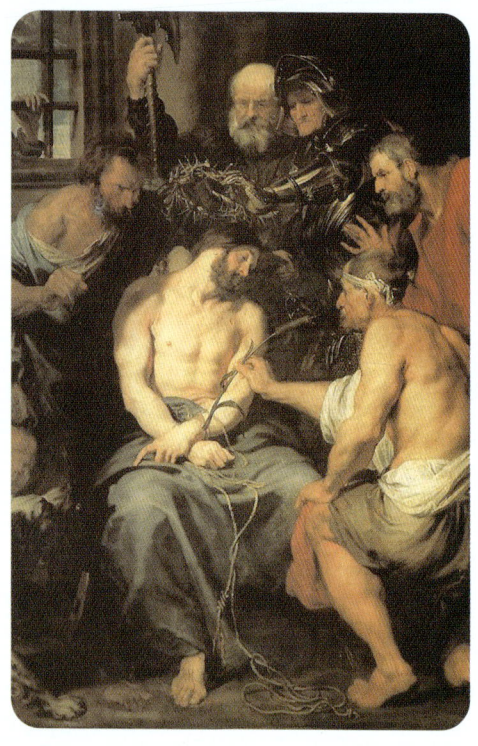

"가시나무로 관을 엮어 그분 머리에 씌우고…."(마태 27,29)

통고의 성모님, 원수들이 예수님을 조롱하고 비웃고 욕설까지 퍼부어 댔습니다. 예수님께서 자신을 왕이라고 했다 해서, 그들은 가시로 엮은 관을 그분의 머리 위에 씌우고 찍어 눌렀습니다. 그분께 붉은 망토를 둘러 입히고, 오른손에는 왕의 지팡이라며 갈대를 쥐어 드렸습니다. 그리고 조롱 삼아 그분 앞에 무릎을 꿇고 머리를 숙여 절하는가 하면, 거룩하신 얼굴에 침을 뱉기도 했습니다. 그런 다음에는 예수님의 손에서 갈대를 빼앗아 다시 매질을 했습니다. 그러나 예수님은 자비의 왕으로 묵묵히 그곳에 계셨습니다. 마침내 그분이 정의의 왕이 되실 날이 다가오고 있습니다. 그때에는 저들이 그분의 의로운 분노를 체험하게 될 것입니다.

주님의 기도, 성모송 10번, 영광송, 구원을 비는 기도

묵주기도의 모후이신 성모님, 당신 아드님께 청하시어, 저에게 고행의 은사를 얻어 주소서. 그리하여 제가 왕이신 그리스도를 위하여 육체적 고통과 영적 고통을 자발적으로 견디게 해주소서.

4단

예수님께서 우리를 위하여 십자가 지심을 묵상합시다

"예수님께서는 몸소 십자가를 지시고 '해골 터'라는 곳으로 나가셨다. 그곳은 히브리 말로 골고타라고 한다."(요한 19,17)

통고의 성모님, 당신 아드님이 무거운 십자가를 짊어지셨습니다. 예수님은 머리부터 발끝까지 온통 상처투성이였으나, 사람들은 이런 처참한 모습에도 아무런 동정을 느끼지 않았습니다. 그들은 끊임없이 예수님께 채찍질을 해 댔고 별별 짓을 다 했습니다. 그들은 동정심보다는 예수님이 골고타에 도착하기 전에 실신하실까 봐 시몬이라는 키레네 사람을 붙들어 강제로 십자가를 지게 했습니다. 이 고통의 길을 가시는 도중에 예수님과 당신이 만나셨습니다. 예수님은 세 번이나 쓰러지셨고, 베로니카가 예수님의 얼굴을 닦아 드렸습니다. 그분은 이 작은 친절에 보답하여 수건에 자신의 모습을 새겨 주셨고, 통곡하는 여자들에게는 "나 때문에 울지 말고 너희와 너희 자녀들 때문에 울어라." 하고 위로하셨습니다.

주님의 기도, 성모송 10번, 영광송, 구원을 비는 기도

묵주기도의 모후이신 성모님, 당신 아드님께 청하시어, 저에게 십자가에 대한 사랑을 얻어 주소서. 그리하여 제가 평생토록 십자가를 지고 살게 해주소서.

5단

예수님께서 우리를 위하여 십자가에 못 박혀 돌아가심을 묵상합시다

"예수님께서는 신 포도주를 드신 다음에 말씀하셨다. '다 이루어졌다.' 이어서 고개를 숙이시며 숨을 거두셨다."(요한 19,30)

통고의 성모님, 아드님이 달려 있는 십자가 밑에 서 계시는 당신의 마음은 오죽하셨겠습니까? 당신은 예수님의 마지막 말씀을 들으셨습니다. 그분은 하느님 아버지께 무지한 원수들을 용서해 주십사고 기도하셨습니다. 착한 죄수에게는 바로 그날로 자신과 함께 낙원에 들게 되리라고 약속하셨습니다. 그리고 당신께는 요한을 아들로, 요한에게는 당신을 어머니로 주셨습니다. 고통 중에 하느님께 도움을 청하셨고, 목마름에 시달리셨고, "다 이루어졌다"고 말씀하셨습니다. 마침내 고개를 숙이시며 자신의 영혼을 하늘에 계신 아버지께 넘겨드리셨습니다. 이제 시므온의 예언이 다 이루어졌습니다. 당신의 영혼이 칼에 꿰찔리셨습니다. 그리고 창에 찔린 예수님의 옆구리에서는 물과 피가 흘러나왔습니다. 교회의 탄생이 상징적으로 드러났습니다.

주님의 기도, 성모송 10번, 영광송, 구원을 비는 기도

묵주기도의 모후이신 성모님, 당신 아드님께 청하시어, 제게 '죽기까지, 십자가에서 죽기까지 순명하는' 은총을 얻어 주소서.

고통의 신비를 마치며

신령성체를 위한 기도

지극히 거룩하신 예수님, 참으로 성체 안에 계시는 당신을 사랑하며 제 안에 모시기를 간절히 원하나이다. 지금은 비록 당신을 직접 모실 수 없사오나, 당신은 신령한 방법으로 제 마음에 오실 수 있나이다. 이제 제가 묵주기도를 바치며 기억하는 당신 어머니의 티 없는 성심을 통해 영적으로 제게 오시어 길이 머무르소서. 또한 제가 당신을 떠나지 않고 당신의 사랑을 증거하고 실천하며 살게 하소서.

(청원기도를 바칠 때) 너그러우신 어머니, 신령성체의 기도로 묶어 바치는 이 영적 꽃다발을 받으소서. 그리고 제가 하느님께 청하는 모든 은혜를 받아 누리도록 함께 기억하며 빌어 주소서. 또한 저를 온갖 위험과 고통 중에서 돌보아 주시며 제가 죽을 때에 저를 저버리지 마옵소서. 아멘.

(감사기도를 바칠 때) 너그러우신 어머니, 신령성체의 기도로 묶어 바치는 이 영적 꽃다발을 받으소서. 그리고 저를 위해 하느님께 은혜를 빌어 주심에 감사드리오니 받아 주소서. 또한 은혜를 내려 주신 하느님께 감사드리는 저와 함께해 주소서. 아멘.

성모 찬송

○ 모후이시며 사랑이 넘친 어머니,
우리의 생명, 기쁨, 희망이시여,
● 당신 우러러 하와의 그 자손들이
눈물을 흘리며 부르짖나이다, 슬픔의 골짜기에서.
○ 우리들의 보호자 성모님,
불쌍한 저희를 인자로운 눈으로 굽어보소서.
● 귀양살이 끝날 때에
당신의 아들 우리 주 예수님 뵙게 하소서.
너그러우시고, 자애로우시며
오! 아름다우신 동정 마리아님.
○ 천주의 성모님, 저희를 위하여 빌어 주시어
● 그리스도께서 약속하신 영원한 생명을 얻게 하소서.
† 기도합시다. 하느님, 외아드님께서 삶과 죽음과 부활로 저희에게 영원한 구원을 마련해 주셨나이다. 복되신 동정 마리아와 함께 이 신비를 묵상하며 묵주기도를 바치오니 저희가 그 가르침을 따라 영원한 생명을 얻게 하소서. 우리 주 그리스도를 통하여 비나이다.
◎ 아멘.

+ 성부와 성자와 성령의 이름으로. 아멘.

영광의 신비

영광의 신비는 부활하여 천상에 계시는 예수님의 삶을 기억하고 묵상한다.

영광의 신비를 시작하며

+ 성부와 성자와 성령의 이름으로. 아멘.

(청원기도를 바칠 때)

지극히 거룩하신 묵주기도의 모후님, 당신은 묵주의 9일 기도를 바치며 하느님의 은혜를 청하는 사람은 무엇이든 원하는 바를 얻게 되리라고 약속하셨습니다. 이에 저의 간절한 청원을 담아(청원 내용을 말씀드린다) 이 기도를 바치나이다.

하느님 은총의 전달자이신 성모님, 당신의 약속을 믿고 기도하는 저의 정성을 받으시어 은혜를 구하는 저의 청을 하느님께 전해 주소서. 아멘.

(감사기도를 바칠 때)

지극히 거룩하신 묵주기도의 모후님, 당신은 은혜를 청하며 묵주기도를 바치는 사람은 또한 감사의 기도를 바쳐야 한다고 이르셨습니다. 이에 그동안 베풀어 주신 은혜에 감사하며 이 기도를 드리나이다.

하느님과 저희 사이의 중개자이신 성모님, 당신 뜻을 따라 바치는 저의 기도를 들으시고 이 기도에 담아 올리는 저의 감사를 하느님께 전해 주소서. 아멘.

사도신경, 주님의 기도, 성모송 3번, 영광송, 구원을 비는 기도

1단

예수님께서 부활하심을 묵상합시다

"그분께서는 여기에 계시지 않는다. 말씀하신 대로 그분께서는 되살아나셨다."(마태 28,6)

♀ 주의 모후이신 마리아님, 안식일 다음 날에 당신의 거룩하신 아드님 예수님께서 무덤에서 나오셨습니다. 이 거룩한 아침에 당신은 더없이 큰 기쁨을 누리셨습니다. 천사가 신실한 부인들에게 예수님께서 부활하셨다고 알려 주었습니다. 당신은 그 부인들과 함께 예수님께 향료를 발라 드리러 가지 않으셨습니다. 부활하신 예수님께서 당신에게 오셔서 승리의 영광으로 빛나는 상처들을 보여 주셨기에 그럴 필요가 없음을 이미 아신 것입니다. 나중에 예수님께서는 부활하신 자신의 모습을 다른 사람들에게도 보여 주셨습니다. 처음에는 마리아 막달레나에게, 그 다음에는 베드로에게, 그리고 엠마오로 가던 제자들과 사도들에게 보여 주셨습니다. 결국에는 의심하던 토마스가 "저의 주님, 저의 하느님!"이라고 하면서 예수님의 발아래 무릎을 꿇었습니다.

주님의 기도, 성모송 10번, 영광송, 구원을 비는 기도

묵주기도의 모후이신 성모님, 당신 아드님께 청하시어, 저에게 영적 열정을 새롭게 하는 은총을 얻어 주소서. 그리하여 제가 가톨릭 신앙의 풍요한 선물을 깨닫게 해주소서.

2단

예수님께서 승천하심을 묵상합시다

"예수님께서는 이렇게 이르신 다음 그들이 보는 앞에서 하늘로 오르셨는데, 구름에 감싸여 그들의 시야에서 사라지셨다."(사도 1,9)

주의 모후이신 마리아님, 예수님 부활 후 사십 일이 그분을 따르던 사람들에게는 영광의 나날들이었습니다. 예수님은 티베리아스 호숫가에서 베드로를 교회의 으뜸으로, 그리고 자신의 지상 대리자로 세우셨습니다. 스승께서는 갈릴래아의 산에서 사도들에게 명하셨습니다.

"너희는 온 세상에 가서 모든 피조물에게 복음을 선포하여라. 믿고 세례를 받는 이는 구원을 받고 믿지 않는 자는 단죄를 받을 것이다."

그 전에 벌써 그분은 고해성사로 죄를 용서하거나 죄의 용서를 보류하는 권한을 사도들에게 주신 바 있습니다. 이 지상에서 자신의 사명을 마치신 예수님은 손을 들어 제자들에게 강복하시고 하느님께로 승천하셨습니다.

주님의 기도, 성모송 10번, 영광송, 구원을 비는 기도

묵주기도의 모후이신 성모님, 당신 아드님께 청하시어, 저에게 헛된 집착으로부터 벗어날 수 있는 은총을 얻어 주소서. 그리하여 당신과 하늘나라의 것만 생각하게 해주소서.

3단

예수님께서 성령을 보내심을 묵상합시다

"그들은 모두 성령으로 가득 차…."(사도 2,4)

주의 모후이신 마리아님, 주님께서 승천하신 후 열흘째 되는 날에, 부활하신 후 오십 일이 되는 날에 당신과 사도들이 다락방에서 함께 기도하고 있을 때 세찬 바람이 불어왔습니다. 그리고 혀 모양의 불길로 성령께서 그 자리에 있던 사람들의 머리 위에 내리셨습니다. 바람과 불은 은총과 거룩함의 상징으로 교회의 사명이 시작되었음을 보여 주었습니다. 예수님은 약속대로 위로자요 스승이며 협조자이신 성령을 보내 주셨습니다. 사도들은 성령의 은사를 받았고, 그리하여 사람들을 구원으로 초대하는 사도직을 수행할 수 있게 되었습니다. 사도들은 그리스도의 증거자로서 이 세상의 모든 민족들에게 달려갔습니다. 복되신 당신께서도 그들과 함께 주님을 증거하셨습니다.

주님의 기도, 성모송 10번, 영광송, 구원을 비는 기도

묵주기도의 모후이신 성모님, 당신 아드님께 청하시어, 저에게 성령의 은사를 얻어 주소서. 그리하여 제가 성령의 성전인 제 몸 안에서 성령께서 하시는 말씀을 잘 알아듣게 해주소서.

4단

예수님께서 마리아를 하늘에 불러올리심을 묵상합시다

"나의 애인이여, 일어나오. 나의 아름다운 여인이여, 이리 와 주오."(아가 2,10)

오 주의 모후이신 마리아님, 당신은 아드님께서 승천하신 후에도 여러 해 동안 이 지상에 남아 계셨습니다. 당신은 하늘에 계신 아드님과 함께 지내고 싶은 소망과 지상의 어린 교회를 돌보아야 하는 의무감 사이에서 갈등하셨습니다. 그러나 지상에 계시면서 교회가 세상을 변화시키는 모습을 지켜보는 기쁨도 누리셨습니다. 또한 주님의 사도들과 제자들과 형제들이 주님을 위하여 서슴없이 목숨을 내놓는 것도 보셨습니다. 그리고 에페소에서 사도 요한과 함께 여생을 보내신 뒤, 주님 손에 이끌려 그분이 계신 곳으로 당신의 몸과 영혼은 올라가셨습니다. 오늘날 저희는 당신을 '하늘에 오르신 모후님'이라고 경하합니다.

주님의 기도, 성모송 10번, 영광송, 구원을 비는 기도

묵주기도의 모후이신 성모님, 당신 아드님께 청하시어, 저에게 하늘나라를 갈망하는 은총을 얻어 주소서. 그리하여 제가 이 세상의 어떤 권력과 부와 명예보다도 하늘나라를 갈망하게 해주소서.

5단

예수님께서 마리아께 천상 모후의 관을 씌우심을 묵상합시다

"태양을 입고 발 밑에 달을 두고 머리에 열두 개 별로 된 관을 쓴 여인이 나타난 것입니다."(묵시 12,1)

오 주의 모후이신 마리아님, 하느님 계신 곳으로 올라가신 당신은 하늘과 땅의 모후가 되셨습니다. 당신의 아드님은 자신의 다스림에 속해 있는 모든 피조물을 당신의 티 없는 성심의 손길에 맡겨 드렸습니다. 당신은 '은총이 가득하신 분'이시고, 그리스도의 어머니이시고, 구속 사업의 협력자이시며, 악마와 죄와 현세의 욕망과 죽음을 이기신 모후이십니다. 하느님과 인간 사이의 중개자이신 그리스도께서 당신을 모든 은총의 중개자로 삼으셨습니다. 그리하여 당신께서 하늘의 모든 복을 죄인인 저희에게도 나누어 주게 하셨습니다. 당신의 전구를 얻을 수 있는 가장 아름다운 기도는 묵주기도입니다. 저희가 평생토록 묵주기도를 바치도록 해주소서.

주님의 기도, 성모송 10번, 영광송, 구원을 비는 기도

묵주기도의 모후이신 성모님, 당신 아드님께 청하시어, 저에게 인내하는 은총을 얻어 주소서. 그리하여 제가 죽은 후 하늘에서 승리의 기쁨을 누리게 해주소서.

영광의 신비를 마치며

신령성체를 위한 기도

지극히 거룩하신 예수님, 참으로 성체 안에 계시는 당신을 사랑하며 제 안에 모시기를 간절히 원하나이다. 지금은 비록 당신을 직접 모실 수 없사오나, 당신은 신령한 방법으로 제 마음에 오실 수 있나이다. 이제 제가 묵주기도를 바치며 기억하는 당신 어머니의 티 없는 성심을 통해 영적으로 제게 오시어 길이 머무르소서. 또한 제가 당신을 떠나지 않고 당신의 사랑을 증거하고 실천하며 살게 하소서.

(청원기도를 바칠 때) 너그러우신 어머니, 신령성체의 기도로 묶어 바치는 이 영적 꽃다발을 받으소서. 그리고 제가 하느님께 청하는 모든 은혜를 받아 누리도록 함께 기억하며 빌어 주소서. 또한 저를 온갖 위험과 고통 중에서 돌보아 주시며 제가 죽을 때에 저를 저버리지 마옵소서. 아멘.

(감사기도를 바칠 때) 너그러우신 어머니, 신령성체의 기도로 묶어 바치는 이 영적 꽃다발을 받으소서. 그리고 저를 위해 하느님께 은혜를 빌어 주심에 감사드리오니 받아 주소서. 또한 은혜를 내려 주신 하느님께 감사드리는 저와 함께해 주소서. 아멘.

성모 찬송

○ 모후이시며 사랑이 넘친 어머니,
우리의 생명, 기쁨, 희망이시여,
● 당신 우러러 하와의 그 자손들이
눈물을 흘리며 부르짖나이다. 슬픔의 골짜기에서,
○ 우리들의 보호자 성모님,
불쌍한 저희를 인자로운 눈으로 굽어보소서.
● 귀양살이 끝날 때에
당신의 아들 우리 주 예수님 뵙게 하소서.
너그러우시고, 자애로우시며
오! 아름다우신 동정 마리아님.
○ 천주의 성모님, 저희를 위하여 빌어 주시어
● 그리스도께서 약속하신 영원한 생명을 얻게 하소서.
† 기도합시다. 하느님, 외아드님께서 삶과 죽음과 부활로 저희에게 영원한 구원을 마련해 주셨나이다. 복되신 동정 마리아와 함께 이 신비를 묵상하며 묵주기도를 바치오니 저희가 그 가르침을 따라 영원한 생명을 얻게 하소서. 우리 주 그리스도를 통하여 비나이다.
◎ 아멘.

+ 성부와 성자와 성령의 이름으로. 아멘.

묵주기도를 바치고 받는 대사들

(가) 신자가 정성껏 묵주기도 5단을 바칠 때마다 다음의 대사를 받을 수 있다.
- 5년 대사(1479년 5월 12일, 식스토 4세 교황의 교서 'Ea quae ex fidelium'; 1899년 8월 29일, S.C. Ind.; 1932년 3월 18일, S.P. Ap.).
- 일상적인 조건에서 신자가 한 달 동안 날마다 묵주기도 5단을 바치면 전대사를 받을 수 있다(1952년 1월 22일, 비오 12세 교황).

(나) 공적인 자리나 사석에서 신자가 다른 신자들과 함께 묵주기도 5단을 바치면 다음의 대사를 받을 수 있다.
- 하루 1번 10년 대사를 받는다.
- 언제든 묵주기도 5단을 적어도 세 번 이상 바치고, 고해성사를 보고, 영성체를 하고, 성당이나 경당을 방문하면, 그 달의 마지막 주일에 전대사를 받는다.
- 묵주기도 5단을 가족이 함께 바치면, 위에 말한 10년 대사 이외에 다음 대사를 더 받는다.

한 달 동안 매일 묵주기도를 바치고, 고해성사를 보고, 영성체를 하고, 성당이나 경당을 방문하면, 한 달에 2번 전대사를 받는다(S.C. Ind., 1851년 5월 12일과 1899년 8월 29일; S.P. Ap., 1932년 5월 18일과 1946년 7월 26일).

- 가족과 함께 묵주기도 5단을 매일 정성으로 바치는 신자는 앞에서 말한 10년 대사 외에도, 다음의 조건을 채움으로써 전대사를 받는다.

그 조건이란 매 토요일과 주간 중의 이틀, 그리고 복되신 동정 마리아의 축일에 고해성사를 보고 영성체를 하는 것이다. 복되신 동정 마리아의 축일은 교회의 보편 달력에 있는 다음의 축일들이다.

* 천주의 성모 마리아 대축일(1월 1일)
* 주님 봉헌 축일(2월 2일)
* 루르드의 복되신 동정 마리아 기념일(2월 11일)
* 주님 탄생 예고 대축일(3월 25일)
* 복되신 동정 마리아의 방문 축일(5월 31일)
* 티 없이 깨끗하신 성모 성심 기념일(그리스도의 성체 성혈 대축일 다음 토요일)
* 성모 승천 대축일(8월 15일)
* 복되신 동정 마리아 모후 기념일(8월 22일)
* 복되신 동정 마리아 탄생 축일(9월 8일)

* 고통의 성모 마리아 기념일(9월 15일)
* 묵주기도의 복되신 동정 마리아 기념일(10월 7일)
* 복되신 동정 마리아의 자헌 기념일(11월 21일)
* 원죄 없이 잉태되신 복되신 동정 마리아 대축일(12월 8일)

(다) 감실 앞이나 공적으로 현시된 성체 앞에서 묵주기도 5단을 경건하게 바치는 사람은 바치는 만큼 다음의 대사를 받을 수 있다.
- 고해성사를 보고 영성체를 하는 조건으로 전대사를 받는다(사도좌의 편지, Apostolic Brief, 1927년 9월 4일).
- 하루에 5단을 모두 바친다면, 5단을 한 번에 바칠 수 없는 경우에 나누어서 바쳐도 된다(S.C. Ind., 1908년 7월 8일).
- 묵주기도를 할 때에, 도미니코회 소속 수도자나 특정한 자격을 가진 사제에게서 축복받은 묵주를 사용하면, 위에 열거한 대사 외에 다른 대사들도 더 받을 수 있다(S.C. Ind., 1726년 4월 13일. 1958년 1월 22일 그리고 1899년 8월 29일). 라콜타 395

(라) 10월 중에 공적으로나 개인적으로 묵주기도 5단을 바치는 신자는 다음의 대사를 받을 수 있다.

- 매일 7년 대사를 받는다.
- 묵주기도의 복되신 동정 마리아 기념일부터 적어도 10일 동안 묵주기도 5단을 공적으로나 개인적으로 바친 신자가 고해성사를 보고, 영성체를 하고 성당이나 경당을 방문하면 전대사를 받는다(S.C. Ind., 1898년 7월 23일과 1899년 8월 29일; S.P. Ap., 1932년 3월 18일). 라콜타 398

(마) 묵주기도의 성모님께 드리는 신심 행위 : 묵주기도의 복되신 동정 마리아를 공경하는 마음으로 1년 중 아무 때나 계속해서 9일 동안 기도를 바치는 신자는 다음의 대사를 받는다.

- 9일기도 중의 어느 날에나 한 번 5년 대사를 받는다.
- 9일기도를 끝마칠 때에 일상적인 조건 하에 전대사를 받는다(비오 9세의 1849년 1월 3일 알현; S.C. Bishops and Religious, 1850년 1월 28일; S.C. Ind., 1876년 11월 26일; S.P. Ap., 1932년 6월 29일). 라콜타 396
- 묵주기도의 복되신 동정 마리아를 공경하는 마음으로 15주간 동안 토요일마다 계속해서(만약 토요일에 부득이한 사정이 생기면 바로 그 다음 날인 주일에) 묵주기도 5단을 바치거나 또는 다른 방법으로 묵주기도의 신비를 묵상하면 다음의 대사를 받을 수 있다.

일상적인 조건에서 이 15번의 토요일이나 주일 중의 어느 하루에 전대사를 받는다(S.C. Ind., 1889년 9월 21일과 1892년 9월 17일; S.P. Ap., 1936년 8월 3일). 라콜타 397

- 자신이 가지고 다니는 축복받은 묵주에 입을 맞추고 성모송의 첫부분을 바치는 신자는 하루에 한 번 500일 대사를 받는다(Congregation of the Sacred Apostolic Penitentiary, 1953년 3월 30일).

※ 라콜타Raccolta : 교황은 필요한 경우에 신자들의 영적 이익을 위하여 일정한 조건을 정하고, 이 조건을 채우면 대사를 받을 수 있도록 배려하곤 한다. 이렇게 대사를 받기 위해 필요한 조건으로 정해진 기도와 신심 행위의 목록을 수록한 책을 '라콜타'라 한다.

묵주기도를 권장하신 성모님

루르드의 성모님께서는 열여덟 번 발현하시는 동안, 언제나 베르나데트가 묵주기도를 드릴 때 함께 기도하셨다. 그리고 성모님은 베르나데트가 '영광송'을 바칠 때에는 함께 영광송을 바치셨다.

파티마의 성모님은 당신 자신을 '묵주의 성모'라고 부르셨고, "사람들이 묵주기도를 바쳐야 한다"고 말씀하셨다. 나아가 묵주기도를 매일 '열심히' 바쳐야 한다고 하셨다. 나중에 첫토요일에 관해서 말씀하실 때에는 '묵주기도의 신비에 대해서 묵상'할 것을 요구하셨다.

묵상이라는 단어에 사람들은 겁을 먹곤 한다. 묵상은 어려운 것이라고 생각하기 때문이다. 그러나 묵상이 어려운 것이라면, 성모님께서 요구하지도 않으셨을 것이다. 오히려 묵상을 하라는 성모님의 말씀은 우리의 두려움을 가라앉혀 줄 것이다.

'마리아를 통하여 예수께로(Ad Jesum per Mariam)'가 우리의 표어가 되어야 한다. 요한 23세 교황께서는 1959년 2월 18일, '루르드의 마리아의 해'를 마감하는 방송에서 이렇게 말씀하셨다.

"나의 선임자들이 그러했던 것처럼, 나도 우리 모두가 마리아께 대한 신심의 일치된 추진력으로 그리스도교를 쇄신하기를 간절히 원합니다. 교회의 교의를 바로 이해한다면, 마리아께 대한 신심은 우리의 영혼을 유일한 구세주이신 예수께로 더욱 빨리, 더욱 확실하게 인도해 줍니다."